No es un frijol

¡Clic, clac!

Claudia Guadalupe Martínez

Ilustrado por Laura González

Traducido por Carlos E. Calvo

Charlesbridge

A orillas del arroyo
crece una vaina en la
yerba de la flecha,
un arbusto del desierto.

La vaina está formada por
pequeños bulbos,
cada uno como un frijol
que **no es un frijol.**

La oruga se come el interior del bulbo y se bebe el agua que penetra allí.

Muy temprano en una mañana soleada, una oruga movediza hace su madriguera en la vaina.

Tiempo después, la vaina
se seca y se endurece.
Se parte y cae al suelo.

¡Clic, clac!

A media mañana, dos saguaros
muestran sus brazos espinosos
mientras el sol calcina todo lo
que hay a la vista.

La oruga que está dentro de
lo que **no es un frijol** rueda
en busca de sombra.

¡Clic,

clac!

Al mediodía, tres serpientes de cascabel salen de sus nidos deslizándose entre las rocas. Sus colas suenan como una matraca.

Eso que **no es un frijol** salta hasta un lugar más seguro y se mete en una grieta.

¡Clic, clac!

Temprano en la tarde,
cuatro coyotes observan
el suelo. Huelen el
viento. Aúllan.

Eso que **no es un frijol** salta. ¡Los coyotes se asustan y se van!

¡Clic, clac!

A media tarde, cinco cuervos escapan de una tormenta y se posan cerca del bulbo. Parlotean. Eso que **no es un frijol** salta. Los cuervos se dispersan.

¡Clic, clac!

Al caer la tarde, seis nubes dejan caer una lluvia muy fuerte, pero pasajera. El arroyo se llena de agua y se desborda.

Eso que **no es un frijol**
se mece. Navega entre
las olas.

¡Clic, clac!

Siete amigos exploran.
Están buscando tesoros
arrastrados por la lluvia.

Recogen el frijol
saltarín que **no es**
un frijol.

¡Clic, clac!

Al anochecer, los amigos
dibujan ocho óvalos
para jugar en la tierra.
Todos aplauden.

Eso que **no es un frijol** salta. Lo ponen en el centro, junto a otros.

¡Clic, clac!

1

4

3

2

2

3

4

1

Nueve saltarines están
quietos y en silencio.
Los amigos animan a
sus frijoles saltarines.

Los frijoles saltarines
ruedan hasta los óvalos.
"¡Bravo! ¡Bravo!".

Por la noche, diez
estrellas titilan en
el cielo. Alguien dice
"Buenas noches".

¡Clic,

clac!

Eso que **no es un frijol** salta. Pero se vuelve a quedar quieto.

Los amigos regresan.
Cantan y aplauden.
Toquetean con un palito a eso
que **no es un frijol**. Pero no salta.

Y así pasan los días bajo el cielo del desierto. La oruga que está dentro de eso que **no es un frijol** está ocupada hilando un capullo.

Una polilla majestuosa sale de su madriguera. Ya no es una oruga. Nunca fue un frijol. La polilla despliega sus alas...

...y vuela hacia el cielo.

NOTA DE LA AUTORA

Yerba de la flecha (nombre científico: *Sebastiania pavoniana*) es un arbusto que crece en la orilla de los arroyos cercanos a las montañas de los desiertos de México. Tiene hojas correosas de color verde oscuro, que se tornan rojas con el cambio de estación. Sus tallos despiden una savia lechosa y llena de veneno que, según se cuenta, se usaba para envenenar las puntas de flecha. De ahí, el nombre de la planta.

Polillas hembras de los frijoles saltarines (nombre científico: *Laspeyresia saltitans*) son insectos que desovan en las vainas de la yerba de la flecha. Cuando los huevos se abren, las orugas bebé (larvas) comen la vaina y entran en ella, formando un bulbo. En cierto momento, el bulbo madura, se desprende y se parte. Cada pieza que tiene una larva es lo que llamamos frijol saltarín.

Esos bulbos sirven de refugio y alimento a las larvas, que sobreviven bebiendo la humedad que queda dentro después de las lluvias y saltando para escapar del calor. Las vibraciones de sonido y el movimiento también hacen que salten, protegiéndose de los depredadores, como aves y mamíferos pequeños.

Con el tiempo, las orugas entran al estado de pupas y empiezan a hilar un capullo dentro del bulbo, donde se produce la metamorfosis para transformarse en polillas.

Salen del bulbo como polillas adultas de color gris o plateado. Las hembras vuelan al desierto a poner huevos, repitiendo su ciclo de vida.

El desierto es el hogar natural de los frijoles saltarines, pero también se encuentran en las tiendas de chucherías. Un juego popular entre los niños es hacer un tablero como el que aparece en este libro, y dibujar un círculo central con óvalos numerados a su alrededor. Los niños eligen un número del 1 al 4 y ponen frijoles saltarines en el centro, esperando que estos se muevan mientras animan, cantan o escuchan la radio. Cuando el primer frijol entra a un óvalo, el niño que eligió ese número gana. Otra forma de jugar es que cada niño escoja uno de los frijoles que están en el centro. Gana el niño cuyo frijol llegue primero a algún óvalo.

Se ha llegado a recolectar veinte millones de frijoles saltarines en un año, aunque por lo general el número anual es mucho menor. Las polillas necesitan la yerba de la flecha para poner sus huevos, y si los cambios medioambientales afectan esta planta, las polillas no pueden reproducirse.

Aprendí sobre los frijoles saltarines cuando era niña. Compré tres en la tienda de descuentos de mi ciudad y los estudiamos con mi hermano mayor. Entonces no sabíamos que los frijoles saltarines habían llegado de tan lejos. Ahora me gusta imaginar que esos frijoles se transformaron en polillas que volaron libres hacia el horizonte.

¡Clic, clac!

Text copyright © 2019 by Claudia Guadalupe Martínez
Illustrations copyright © 2019 by Laura González
Spanish translation copyright © 2024 by Charlesbridge; translated by Carlos E. Calvo

At the time of publication, all URLs printed in this book were accurate and active.
Charlesbridge, the author, the illustrator, and the translator are not responsible for the
content or accessibility of any website.

Published by Charlesbridge
9 Galen Street Watertown, MA 02472
(617) 926-0329 • www.charlesbridge.com

Library of Congress Cataloging-in-Publication Data
Names: Martínez, Claudia Guadalupe, 1978– author. | González, Laura, 1984–
    illustrator. | Calvo, Carlos E., translator.
Title: No es un frijol / Claudia Guadalupe Martínez; ilustrado por Laura González;
    traducido por Carlos E. Calvo.
Other titles: Not a bean Spanish.
Description: Watertown: Charlesbridge, [2024] | Translation of: Not a bean. | Audience:
    Ages 3–7 | Audience: Grades K–1 | Summary: "The story follows the life cycle of a
    Mexican jumping bean. A caterpillar lives inside a seedpod from the desert and uses it
    as a food source, until it breaks out as a moth."–Provided by publisher.
Identifiers: LCCN 2023011953 (print) | LCCN 2023011954 (ebook) |
    ISBN 9781623544829 (hardcover) | ISBN 9781632894250 (ebook)
Subjects: LCSH: Moths–Juvenile literature. | CYAC: Jumping bean–Juvenile literature.
Classification: LCC QL544.2 .M258218 2024 (print) | LCC QL544.2 (ebook) |
    DDC 595.78–dc23/eng/20230324

Printed in China
(hc) 10 9 8 7 6 5 4 3 2 1

Illustrations created in Photoshop
Hand-lettering of title by Laura González and Ellie Erhart
Text type set in Aunt Mildred by MVB Design
Printed by 1010 Printing International Limited in Huizhou, Guangdong, China
Production supervision by Jennifer Most Delaney
Designed by Joyce White, Jacqueline Cote, and Ellie Erhart

A MIS TRES AMIGOS: PENNY,
TOBY Y HARLEY– C. G. M.

A EMMA VICTORIA–L. G.

*La oruga, la vaina y la polilla que aparecen
en esta página son de tamaño real.